César Chávez

The Struggle for Justice  La lucha por la justicia

By / Por Richard Griswold del Castillo

Spanish translation by / Traducción al español por José Juan Colín

Illustrations by / Ilustraciones de Anthony Accardo

Piñata Books
Arte Público Press
Houston, Texas

Publication of *César Chávez: A Struggle for Justice* is made possible through support from the Lila Wallace—Readers Digest Fund, the Andrew W. Mellon Foundation and the City of Houston through The Cultural Arts Council of Houston, Harris County. We are grateful for their support.

Esta publicación de *César Chávez: La lucha por la justicia* ha sido subvencionada por la Fundación Lila Wallace—Readers Digest, la Fundación Andrew W. Mellon y y el Concilio de Artes Culturales de Houston, Condado de Harris. Les agradecemos su apoyo.

Arte Público Press thanks Teresa Mlawer of Lectorum Publications for her professional advice on this book.

Arte Público Press le agradece a Teresa Mlawer de Lectorum Publications su asesoría profesional sobre este libro.

Piñata Books are full of surprises!

Piñata Books
An Imprint of Arte Público Press
University of Houston
452 Cullen Performance Hall
Houston, Texas 77204-2004

Griswold de Castillo, Richard.
    César Chávez : a struggle for justice = César Chávez : la lucha por la justicia / by Richard Griswold del Castillo ; illustrations by Anthony Accardo ; Spanish translation by José Juan Colín.
        p.   cm.
    Summary: A simple biography of the man who worked to win fairer treatment of the migrant farm workers in California in the 1960s and to establish the United Farm Workers union.
    ISBN 1-55885-324-3 (alk. paper)
    1. Chávez, César, 1927—Juvenile literature.   2. Labor leaders—United States—Biography—Juvenile literature.   3. Mexican Americans—Biography—Juvenile literature.
4. Agricultural laborers—Labor unions—United States—History—Juvenile literature.
5. United Farm Workers—History—Juvenile literature.   [1. Chávez, César, 1927–   2. Labor leaders.   3. Mexican Americans—Biography.
    4. United Farm Workers.   5. Spanish language materials—Bilingual.]   I. Title: César Chávez : la lucha por la justicia.   II. Chávez, César, 1927–   III. Title
HD6509.C48 G748 2002
331.88′13′092—dc21
[B]   2001051372
                                                                                                                CIP

To Adrian, Elyssa, Kidoni, Dante,
Melissa, Serena, and Joey.
—RGC

For Vincent Costanzo, who
makes it easier for me to
navigate the world, thank you.
—AA

Para Adrian, Elyssa, Kidoni, Dante,
Melissa, Serena y Joey.
—RGC

Para Vincent Costanzo, quien facilita mi
navegación en este mundo, gracias.
—AA

César Chávez was a very important Mexican American leader in the United States. He was a man who improved the lives of poor farm workers. He fought to help them get better wages and working conditions. He helped them gain more respect and end discrimination against them. César Chávez organized the United Farm Workers Union to do this. He gave the poor hope that life could be better.

César Chávez fue un líder méxico-americano muy importante en Estados Unidos. Fue el hombre que mejoró la forma de vida de los trabajadores agrícolas. Luchó para que los campesinos tuvieran mejores salarios y mejores condiciones de trabajo. También les ayudó a conseguir respeto y a terminar con la discriminación que sufrían. César Chávez organizó la *United Farm Workers Union* para poder obtener todo esto. Les dio a los pobres la esperanza de que la vida podría ser mejor para ellos.

César Estrada Chávez was born on March 31, 1927 near Yuma, Arizona. His parents had both come to the United States from Mexico. His father opened and operated a small grocery store. César and his four brothers and sisters lived on a small farm near their father's grocery store.

As César played in the fields with his brothers, he never dreamed that his life would be linked forever to those fields that provide so much food for our country.

César Estrada Chávez nació el 31 de marzo de 1927, cerca de Yuma, Arizona. Sus padres emigraron a Estados Unidos de México. Su padre estableció y operó una pequeña tienda de abarrotes. César y sus cuatro hermanos vivían en una pequeña granja cerca de la tienda de su padre.

Mientras César jugaba en los campos con sus hermanos, nunca se imaginó que su vida estaría ligada para siempre a esos campos que proveen tanta comida a nuestro país.

César learned from his parents. His mother told him many stories that taught about the importance of helping the poor and not being violent. César's grandmother also taught him how to believe in God and the teachings of the Catholic Church. César's uncle taught him to read in Spanish.

One day César's teacher punished him for speaking Spanish. Some children made fun of his accent and called him names because he was Mexican-looking. This hurt his feelings. This was César's first experience with discrimination. When he came home, his mother told him he had been born in the United States and was an American.

César aprendió de sus padres. Su madre le contó muchas historias que realzaban la importancia de ayudar a los pobres y de evitar la violencia. Su abuela le enseñó a creer en Dios y en la doctrina de la Iglesia Católica. El tío de César le enseñó a leer español.

Un día la maestra de César lo castigó por hablar español. Algunos niños se burlaron de su acento y le pusieron apodos por su aspecto mexicano. Todo esto lo hirió profundamente. Ésta fue la primera vez que César sufrió discriminación. Cuando regresó a casa, su madre le dijo que él había nacido en Estados Unidos y que era americano.

When César was ten years old, his family lost their farm and store during the 1930s. They had to leave Yuma and go to California to look for work. The whole family became migrant farm workers, without a home. They moved from place to place planting and harvesting crops, vegetables and fruits.

Working and moving from place to place, César learned how poor farm workers were. They worked long hours in the hot sun and received very low pay. Sometimes they had to live in labor camps in old houses, tents or chicken coops in the rain and cold. They were always very hungry. Sometimes they were cheated by the labor bosses. Because they were Mexicans, they were discriminated against in stores and schools.

Cuando César tenía diez años, su familia perdió la granja y la tienda durante los años treinta. Tuvieron que dejar Yuma e irse a California en busca de trabajo. Todos de pronto se convirtieron en campesinos migratorios sin casa. Toda la familia iba de un lugar a otro sembrando y cosechando vegetales y frutas.

El trabajo y el tener que mudarse constantemente, le enseñaron a César cuán pobres eran los trabajadores. Trabajaban largas horas bajo los candentes rayos del sol a cambio de un salario muy bajo. Algunas veces tenían que vivir en los mismos campos, en casas viejas, en tiendas de campaña o gallineros, bajo la inclemencia de la lluvia y el frío. Siempre estaban hambrientos. Algunas veces los patrones los estafaban. Como eran mexicanos, sufrían discriminación en las tiendas y en las escuelas.

César joined the Navy during World War II. When he got back to California, he met Helen Favela and they got married. They moved to San Jose. There, César met Father Donald McDonnell, who taught him more about how labor unions had helped improve workers' lives. César read about Mahatma Gandhi, a famous leader in India who had won independence for his people through non-violent means.

Durante la Segunda Guerra Mundial, César se enlistó en la marina. Al volver a California conoció a Helen Favela y se casaron. Se fueron a vivir a San Jose. Allí César conoció al padre Donald McDonnell, quien le enseñó cómo los sindicatos habían ayudado a los trabajadores a mejorar sus vidas. César leyó sobre Mahatma Gandhi, un famoso líder de la India que había conseguido la independencia para su pueblo por medio de acciones no violentas.

In 1952, César began working as an organizer for the Community Service Organization. César's job was to help poor families register to vote. He helped them organize to improve their communities by paving streets and building parks. Soon, César became the national director. But he never forgot the problems of the farm workers. In 1962, he quit his job to dedicate himself full time to organizing a union to help the poor farm workers.

En 1952, César empezó a trabajar como organizador para la *Community Service Organization*. El trabajo de César consistía en ayudar a las familias pobres a registrarse para votar. También les ayudó a organizarse para mejorar sus comunidades, pavimentando calles y construyendo parques. Muy pronto César se convirtió en el director nacional de esta organización, pero nunca olvidó los problemas de los campesinos. En 1962 renunció a su trabajo para dedicarse por completo a la organización de un sindicato que ayudara a los campesinos pobres.

César and Helen worked hard for four years. They traveled up and down California, trying to convince farm workers to join a union. It was called the Farm Workers Association. His friends Dolores Huerta, Gil Padilla, and his cousin Manuel also helped. César told the workers that they would have better lives if they organized a union. Finally in 1962, they had their first union convention. They designed a new flag for their organization, the famous union eagle.

César y Helen trabajaron muy duro durante cuatro años. Viajaron por todo California tratando de convencer a los campesinos a unirse al sindicato. Este sindicato se llamó *Farm Workers Association.* Sus amigos Dolores Huerta, Gil Padilla y su primo Manuel también colaboraron. César les dijo a los trabajadores que podrían vivir mejor si organizaban un sindicato. Finalmente, en 1962, se celebró la primera convención del sindicato. Se diseñó una bandera nueva para la organización, la famosa águila sindical.

On September 16th, 1965, Mexican Independence Day, César and the members of his union went on strike to get better wages from the grape growers in Delano, California. This grape strike soon attracted world-wide attention. The growers opposed the strike with violence but César followed the way of Gandhi and would not allow any violence from the strikers. He said, "We can turn the world, if we can do it non-violently."

El 16 de septiembre de 1965, día de la Independencia de México, César y los miembros de su sindicato declararon huelga en demanda de mejores salarios para los trabajadores de los viñedos de Delano, California. Esta huelga de las uvas llamó la atención internacional. Los patrones se opusieron a la huelga con violencia, pero César, siguiendo las enseñanzas de Gandhi, no permitió actos violentos por parte de los huelguistas. César dijo: —Podemos cambiar el mundo, si lo hacemos sin violencia.

Starting on March 16, 1966, César led a march from Delano, California, to Sacramento, the state capital. This was more than 340 miles. Many farm workers joined the procession. The purpose was to tell people about the struggle of the farm workers. At the front of the line was the banner of the Virgin of Guadalupe, the patron saint of Mexico. At night, the marchers camped in small farming towns and César met hundreds of new supporters. At the state capitol, he announced that they had won their first victory. A grower had agreed to raise the wages of the workers.

El 16 de marzo de 1966, César inició una marcha en Delano, California, que terminaría en Sacramento, la capital del estado. Esto era, más de 340 millas. Muchos campesinos se unieron a la marcha. El propósito era informar a todo el mundo de la lucha de los campesinos. Al frente del grupo iba un estandarte de la Virgen de Guadalupe, la santa patrona de México. Al caer la noche, el grupo acampaba en algún pueblo agrícola y César conoció a nuevos aliados. Una vez en la capital del estado, César anunció el primer triunfo: un patrón había aceptado aumentar los salarios de los trabajadores.

During the grape strike, César asked that people stop eating grapes to show their support for the farm workers. This was called a boycott. Farm workers, students and ministers and priests traveled all over the United States to tell people about the strike and boycott. Millions of people joined the farm workers' struggle and stopped eating grapes.

Durante la huelga, César pidió al pueblo que dejara de consumir uvas y así demostrar el apoyo a los campesinos. A esto se le llamó boicoteo. Trabajadores, ministros y estudiantes viajaron por todo el país para comunicar a la gente sobre la huelga y el boicot. Millones de personas se unieron a la lucha de los trabajadores y dejaron de consumir uvas.

But most of the farmers did not want a union of farm workers. The strike continued. César's group was now called the United Farm Workers, UFW. Some people talked about violence to get what they wanted. César continued to be against all violence, even when bullies hired by the farm owners beat up and injured the union members. He decided to go on a hunger fast to show how important it was to be peaceful. César did not eat food for twenty-five days. He became very weak and many people worried that he would die.

Finally, Bobby Kennedy, the president's brother, came to visit him and he ended his fast. César's words when he ended his fast were, "Our struggle is not easy. Those who oppose our cause are rich and powerful, and they have many allies in high places. We are poor. Our allies are few. But we have something the rich do not own. We have our own bodies and spirits and the justice of our cause as our weapons."

Pero muchos de los patrones no querían un sindicato de campesinos. La huelga continuó. El grupo de César era llamado ahora la *United Farm Workers, UFW.* Hubo algunos que hablaban de recurrir a la violencia para obtener lo que querían, pero César seguía declarándose contra la violencia, aun cuando gente contratada por los patrones golpeaba y lastimaba a los campesinos. César decidió hacer una huelga de hambre para mostrar lo importante que era el movimiento pacífico. No comió durante veinticinco días. Su organismo se debilitó y muchos temieron su muerte.

Finalmente, Bobby Kennedy, hermano del presidente, lo visitó y así terminó su ayuno. Las palabras de César al terminar el ayuno fueron: —Nuestra lucha no es fácil. Los que se oponen a nuestra causa son ricos y poderosos y tienen muchos aliados en círculos altos. Nosotros somos pobres. Nuestros aliados son pocos. Pero poseemos algo que los ricos no tienen. Nuestros cuerpos y espíritus y la justicia de nuestra causa son nuestras armas.

On July 29, 1970, the boycott and strike worked. Most of the farmers agreed to sign an agreement with the union. The UFW had won! They met to sign the contracts at the union headquarters called "40 Acres." This was the first time farm workers had won such a victory.

But this was not the end of the struggle. Almost immediately, others tried to destroy the union and César had to lead the farm workers again. They marched and boycotted again. Some UFW members were killed because they supported the union. Finally in 1975, Governor Jerry Brown of California signed the Agricultural Labor Relations Act, a law to protect farm workers from violence and discrimination. César had helped convince the government that such a law was necessary.

El 29 de julio de 1970, el boicot y la huelga dieron resultados. La mayoría de los patrones acordó firmar un acuerdo con el sindicato. ¡La UFW había ganado! Se reunieron para firmar los contratos en las oficinas centrales del sindicato, que se le conocía como "40 acres". Ésta era la primera vez que los campesinos habían conseguido una victoria semejante.

Pero la lucha no había terminado. Casi inmediatamente hubo quienes quisieron desbaratar el sindicato, y César Chávez tuvo que tomar las riendas de nuevo. Marcharon y boicotearon nuevamente. Algunos de los miembros de la UFW fueron asesinados por apoyar el sindicato. Finalmente, en 1975, el Gobernador Jerry Brown de California firmó la *Agricultural Labor Relations Act,* una ley que protegía a los trabajadores agrícolas de la violencia y de la discriminación. César había logrado convencer al gobierno de que dicha ley era necesaria.

César Chávez encouraged the government to pass laws ending the use of the short-handled hoe. This was a tool that hurt many farm workers because it forced them to bend over all day long. César also was responsible for many changes in the labor laws to give farm workers basic rights.

In the 1980s, César Chávez fought against the use of pesticides in farming. Many chemicals used to kill bugs also harmed or even killed farm workers and their children. To convince farmers not to use bad chemicals, César at age 61, started another thirty-six day boycott and another long fast.

César Chávez hizo que el gobierno aprobara leyes que prohibían el uso de la hoz de mango corto. Esta era una herramienta que lastimaba a los campesinos, ya que los forzaba a estar agachados todo el día. César también logró muchos cambios en las leyes laborales que brindaban derechos básicos a los campesinos.

En los años ochenta, César Chávez luchó contra el uso de pesticidas en la agricultura. Muchos de los productos químicos que se utilizaban para matar insectos, también causaban daño, incluso la muerte, a los trabajadores y a sus hijos. Para convencer a los agricultores de que no utilizaran este tipo de productos químicos, César, a los 61 años de edad, empezó otro boicot de treinta y seis días y otra larga huelga de hambre.

On April 23, 1993, César Chávez died in the home of a farm worker family in Arizona. His friends and supporters had a huge funeral march in Delano. People remembered him as a brave man who fought for poor people's rights. They remembered him saying, "The truest act of courage, the strongest act of manliness, is to sacrifice ourselves for others in a totally nonviolent struggle for justice. To be a man is to suffer for others. God help us to be men!"

Today, many streets, schools and official buildings are named in honor of César Chávez. In 1994, a year after his death, President Bill Clinton awarded César Chávez the Medal of Freedom for his heroism and service to the principles of equality, justice and liberty.

El 23 de abril de 1993, César Chávez murió en la casa de una familia de campesinos en Arizona. Sus familiares, amigos, y las personas que lo apoyaban hicieron un funeral enorme en Delano. La gente lo recuerda como un hombre valiente que luchó por los derechos de los pobres. Lo recuerdan diciendo: —El verdadero acto de valor, el verdadero acto de hombría, es sacrificarnos nosotros mismos por otros en la lucha por la justicia, pero sin violencia. Ser hombre es sufrir por nuestros semejantes. ¡Dios nos ayude a ser hombres!

Hoy muchas calles, escuelas y edificios oficiales han sido nombrados en honor de César Chávez. En 1994, un año después de su muerte, el Presidente Bill Clinton le otorgó a César la Medalla de la Libertad por su heroísmo y servicio a los principios de la igualdad, la justicia y la libertad.

Ricardo Griswold del Castillo is a professor of Chicana and Chicano Studies at San Diego State University where he teaches Chicano history. He and Richard Garcia co-authored *César Chávez: A Triumph of Spirit*. Ricardo has written three books about Chicano history including *The Treaty of Guadalupe Hidalgo, La Familia Chicana,* and *The Los Angeles Barrio*.

Richard Griswold del Castillo es profesor de *Chicana y Chicano Studies* en la Universidad Estatal de San Diego, donde enseña la historia de los chicanos. Él y Richard Garcia escribieron *César Chávez: A Triumph of Spirit*. Ricardo ha escrito tres libros sobre la historia de los chicanos, que incluyen, *The Treaty of Guadalupe Hidalgo, La Familia Chicana* y *The Los Angeles Barrio*.

Anthony Accardo was born in New York. He spent his childhood in southern Italy and studied art there. He holds a degree in Art and Advertising Design from New York City Technical College and has been a member of the Society of Illustrators since 1987. Anthony has illustrated more than fifty children's books. His paintings have been exhibited in both the United States and Europe. When not traveling, Anthony Accardo lives in Brooklyn.

Anthony Accardo nació en Nueva York. Pasó su niñez en el sur de Italia y allí estudió arte. Obtuvo su Licenciatura en Arte y Diseño Gráfico en el *New York Technical College* y es miembro de la Sociedad de Ilustradores desde 1987. Anthony ha ilustrado más de cincuenta libros infantiles. Sus pinturas han sido expuestas en Estados Unidos y en Europa. Cuando no está de viaje, Anthony Accardo vive en Brooklyn, Nueva York.

 César Chávez

March 31, 1927	César Estrada Chávez was born near Yuma, Arizona.
1937	César and his family lose their farm and they become migrant farm workers.
1944	César joins the Navy during World War II.
1948	César marries Helen Favela and eventually have eight children.
1952	Fred Ross recruits César Chávez as an organizer for the Community Service Organization (CSO).
1960	César becomes the National Director of the CSO and, under his leadership, the CSO helps Latinos become citizens, register to vote and presses local government for paved roads and other barrio improvements.
March 31, 1962	César resigns as Director from the CSO and begins working full-time on organizing a farm workers union.
September 30, 1962	First union convention of the National Farm worker's Association (NFWA) in Fresno, CA. The union eagle is unveiled.
September 16, 1965	In a show of solidarity, the NFWA votes to join the Filipino workers on strike against grape growers in Delano, California.
1966	César leads a march from Delano, California to the state capital in Sacramento. Their 340-mile pilgrimage helped bring national attention to the lack of social justice for farm workers. The first union contract is signed.
August 30, 1966	César's NFWA and the Filipino American AWOC unions merge to form the United Farm Workers Organizing Committee (UFWOC).
1968	César fasts for 25 days to rededicate the farm workers movement to nonviolence. His fast not only caught the attention of U.S. senator Robert F. Kennedy but it also promoted the grape boycott and led to the cancellation of several grape orders.
1970	Most table-grape growers begin to sign agreements at UFW headquarters "40 Acres".
1971	The UFW moves its headquarters to La Paz in Keene, California. By this time, the UFW was 80,000 members strong.
1972	César fast for 25 days in Phoenix over an Arizona law banning the right of farm workers to strike or boycott.
June 5, 1975	Governor of California, Jerry Brown, signed the *Agricultural Labor Relations Act* into law. This new law protected farm workers from violence and discrimination.
1988	César conducts his last fast for 36 days in Delano to call attention to the use of pesticides.
April 23, 1993	César Chávez dies in the home of a farm worker family in Arizona.
August 8, 1994	President Bill Clinton awarded César Chávez the Medal of Freedom.